ARTHUR DE BOISSIEU

EN PASSANT

LA PREMIÈRE

À

M. THIERS

Prix : **50** centimes

PARIS

ALPHONSE LEMERRE, ÉDITEUR

47, PASSAGE CHOISEUL, 47

—

M. DCCC. LXXI

EN PASSANT

Imprimerie L. TOINON et Ce, à Saint-Germain.

ARTHUR DE BOISSIEU

EN PASSANT

LA PREMIÈRE

A

M. THIERS

PARIS

ALPHONSE LEMERRE, ÉDITEUR

PASSAGE CHOISEUL, 47

—

M. DCCC. LXXI

EN PASSANT

LA PREMIÈRE

A M. THIERS

I.

Dans une des Mille et Une Nuits, il est question d'un palais splendide, œuvre des génies, demeure des rois. Tout ce qui reluisait sur les murs était or ou diamant ; le salon d'honneur renfermait un trésor que personne ne pouvait vider : trois ministres y avaient renoncé. Ce salon était le défaut et la merveille de l'édifice. Il avait vingt-quatre fenêtres dont vingt-trois bordées de perles et la dernière sans bordure. Cette fenêtre ne fermait guère, et, par ses vitres brisées, passaient le vent, la poussière et la pluie. Rien n'est parfait et ne peut l'être. N'importe, c'était le bon temps, le temps des fables ou le temps passé. Les génies construisaient parfois pour des rois qui régnaient toujours.

C'est mon avis — est-ce le vôtre ? — que la France des réalités se retrouve dans ce palais des rêves. Quelle nation fut mieux douée par les divinités bienfaisantes? Des splendeurs sans mesure, des richesses inépuisables, héritages des siècles passés, œuvres des génies disparus! Un seul défaut dépare à vrai dire notre édifice découronné, c'est cette fenêtre toujours ouverte par où l'orage entre, l'argent se jette et le bon sens s'en va.

Il serait temps de fermer la fenêtre; mais nous sommes un peuple léger et volons à tout sujet. C'est en vain que nous avons vu s'accumuler en une seule année des désastres à remplir un siècle. Nous sortons de la guerre étrangère et de la guerre civile, des Prussiens et de la Commune, de la défaite et de l'incendie, à moitié ruinés, mais toujours riches, à demi brûlés, mais toujours folâtres. Paris s'amuse et la province se désennuie. Hier s'ouvrait le jeu du scrutin : aujourd'hui sortent des urnes comme d'autant de boîtes à surprises quelques bons diables vêtus de rouge. Voici revenir les charlatans de la sociale, les financiers en eau trouble, les généraux de la Bazoche, et, à leur tête, trois ou quatre fois nommé, Gambetta, Coclès bavard, qui ne sut pas même défendre un pont. La République est un prix de sagesse, d'accord; mais ce sont les fous qui le courent.

L'idée est bizarre de proposer la République comme la récompense des Salomons de notre âge. Elle naquit, en ces derniers jours, du cerveau de M. Thiers en travail. Ce M. Thiers est vraiment un homme heureux. A près de soixante-quinze ans il joue encore les amoureux du pouvoir et manie comme un vélocipède la roue changeante de la Fortune. Telle est la condition des temps que la France, après la double honte de Bonaparte et de Gambetta, n'eut de ressource qu'en l'éternelle jeunesse de ce malin vieillard. On en fit un député, un diplomate, un chef d'État. Il se laissa faire et s'épanouit dans une popularité qui lui advenait enfin comme la récompense de sa vie et la flatterie de son déclin.

Cette popularité, qui maintenant ne peut que décroître, lui vient tout entière de sa résistance à l'Empire. Durant les ministères de Rouher et d'Ollivier, M. Thiers a joué le rôle d'un chef prudent d'opposition. Aux grandes occasions, il s'emparait de la tribune, épanchant dans de longs discours les trésors de son bon sens diffus. A l'époque de la dernière guerre, il remonta presque seul le courant qui nous emportait. Nous ne sommes pas prêts, répétait-il avec une énergie convaincue. Nous serons battus, ajoutait-il à voix basse. Ni les murmures de la Chambre, ni les calomnies de la presse, n'arrêtèrent ce courageux vieillard obstiné dans la raison. Ses pronostics furent, on le sait trop, justifiés par nos défaites. Dès lors il acquit la renommée d'un politique dans l'Assemblée et d'un prophète dans son pays.

Dès que la France se reprit à respirer et à vivre, M. Thiers devint l'homme nécessaire. Et non-seulement il était le nécessaire, mais encore il était le seul. Il négocia la paix qu'il nous fallait subir, et, en portant le malheur public, témoigna d'une résignation qui ne fut pas sans noblesse. Il ne désespéra point de la patrie

*****

abaissée et conçut l'ambition d'être pour le présent et pour l'avenir le médecin de nos blessures et l'artisan de nos grandeurs. Il tient à inscrire son nom sur la liste des grands hommes et il s'inspire de Fabius qui sauva Rome en temporisant. Il est historien, orateur, politique, voire même académicien. De plus, il étudia l'art militaire dans les campagnes de Napoléon, qui fut empereur, et les finances à l'école du baron Louis, qui fut prêtre.

Une fois la paix signée, M. Thiers eût voulu transporter à Paris le matériel et les agents du pouvoir. L'Assemblée, mieux inspirée, transporta ses acteurs du Grand-Théâtre de Bordeaux au petit théâtre de Versailles. Bien lui en prit, ainsi qu'à nous. A Paris, parmi les vivants, elle avait à craindre les Révolutions qui tuent ; à Versailles, parmi les ombres, elle ne pouvait redouter que les comparaisons qui blessent. M. Thiers n'est pas sans excuses, il aimait Paris et dans Paris ses collections et son hôtel. Je ne sais s'il se méfiait du socialisme et de la Commune; mais, en tous cas, si le destin lui ordonnait de combattre le dragon, il voulait être place Saint-Georges.

Le dragon déploya ses ailes ! Après les Prussiens, la Commune. La garde nationale s'insurge, l'armée fléchit, Paris se soulève. Il fallut fuir. M. Thiers, en profond tacticien, abandonne la ville pour l'assiéger et quitte les forts pour les reprendre. Il joue au soldat, se croit général, et s'ébat dans l'élément guerrier. Le siége de Paris recommence sous les yeux des Prussiens qui regardent. Au courant des opérations, les communeux, maîtres de la ville, décrètent la destruction de la colonne et préparent un lit de fumier pour amortir la chute de César. « Qu'ils détruisent aussi mon livre! » s'écrie M. Thiers indigné. « La gloire de Napoléon reste immortelle en l'absence de sa colonne et en dépit de mon histoire. » M. Thiers, déclinant l'honneur d'être l'Homère du nouvel Achille, fait preuve d'une modestie qui charme et d'un bon sens qui pénètre. Il a raison. Il en est de ses livres comme des volumes sibyllins. Du moment qu'il en reste un, on peut se consoler des autres.

Par malheur, ceux de la Commune, s'étant vengés du grand homme, conçurent l'idée de molester l'historien. Étant en goût de démolir et en voie de décréter, ils passèrent sans transition, de la colonne de la place Vendôme à l'hôtel de la place Saint-Georges. La maison de M. Thiers fut condamnée à disparaître et l'innocente subit sa peine. On la pilla d'abord, après quoi on la détruisit. C'était, je pense, toute la fortune de ce disgracié du dieu Plutus que l'on appelle M. Thiers. L'Assemblée nationale vota, pour la reconstruire, un million de principal autour duquel vinrent folâtrer quelques amours de billets de mille. M. Thiers désirait parler, mais il n'en eut pas la force; il désirait refuser, mais il n'en eut pas le courage. Et, ce jour-là, nos généreux députés purent savourer ces deux choses sans prix: la reconnaissance d'un ministre et le silence d'un orateur.

Nous eussions trop gagné si la prise de Paris ne nous eût coûté que la maison de M. Thiers. C'était l'intention de ceux de la Commune de ne nous rendre qu'une ville en cendres. Incendiaires formés à l'école prussienne, ils travaillèrent en disciples qui font honneur à leurs maîtres. M. Thiers, et c'est un de ses mérites, a déployé contre les rebelles la rigueur des lois salutaires. Il penchait pour l'indulgence et se résigna à la justice; usant de sa victoire, il arrêta plus de monde que l'Empire en ses meilleurs jours. Il a donné à Paris brûlé l'espérance d'être rebâti, et à la Nouvelle-Calédonie la certitude d'être peuplée. Il accomplit ce qu'aucun gouvernement n'eût osé ou n'eût pu faire ; et, grâce à lui, la tête de la République a fortement mordu sa queue. Il est juste de dire qu'il fut aidé dans sa besogne par les trois démocrates Simon, Favre et Picard, que les sauvages de Lutèce appellent l'œil qui pleure, la langue qui remue et le ventre qui rit.

M. Thiers est victorieux. Il a réuni une armée, passé une revue et contracté un emprunt. C'est trop de bonheur pour un seul homme. L'emprunt pouvait suffire à la satisfaction d'un ministre. Ceux que l'avenir préoccupe interrogent ce sphinx alerte, tenace et madré. Le sphinx a l'air de vouloir répondre et le talent de ne rien dire. M. Thiers ne quittera pas le pouvoir avant qu'on ait reconstruit son hôtel, et j'estime que ce n'est pas lui qui activera les ouvriers. Amateur de la République, il supplie les républicains de ne pas la perdre et les monarchistes d'en tâter. Il mord à droite et penche à gauche; s'irrite et s'apaise ; offre et reprend sa démission; ménage, menace et gouverne. Sans satisfaire, mais sans éloigner personne, il mène en des milieux parfois injustes sa politique de compromis. Ce n'est ni un chef de parti ni un chef d'État; pour le premier rôle il lui manque la foi politique, pour le second l'espace et le temps. Tel qu'il est et pour si peu de temps qu'il soit, le public l'écoute encore, et il rallie, soit de gré soit de force, les intérêts et les ambitions : ceux qui possèdent, ceux qui espèrent et ceux qui craignent.

On le sait trop : la République, en France, meurt du fait de ses partisans. Elle n'a chance de durée qu'à la double condition de convertir ses adversaires et de répudier ses adeptes. Elle personnifie la révolution et s'incarne dans le désordre. Opposée à nos besoins, étrangère à nos traditions, elle attire dans ses rangs la tourbe des déclassés, des malfaiteurs et des sophistes. C'est un idéal rabaissé par des niveleurs. Les choses vont si loin, que, pour éviter des confusions, de rares républicains croient devoir prendre le titre « d'honnêtes; » les autres ne prennent pas de titre.

Tous ces républicains, honnêtes ou dangereux, excessifs ou modérés, ont eu leur part du pouvoir, soit comme ministres du 4 septembre, soit comme sectaires de la Commune. Leurs œuvres les jugent et les condamnent. Tout ce que le ciel républicain compte d'étoiles ou de comètes flamboya aux affaires publiques. La France sait ce qu'ils valent, c'est-à-dire ce qu'ils coûtent. Soleils de loin, ténèbres de près, ils brillèrent sous l'Empire et s'évanouirent aux emplois. Le pays a vu défiler ces démocrates de sang mêlé, et ces rhéteurs de barreau qui, durant leur règne éphémère, n'ont su qu'allier la vanité des incapables à l'insolence des despotes.

M. Thiers *flirte* en ce moment avec la fleur et le rebut des nullités qui sont à gauche. Il enfourche de bonne grâce le dada démagogique, coquette avec Gambetta et offre un siége à Faidherbe. Naguère, en parlant de Bazaine, il le traitait de « grand homme de guerre. » Il semble revenir parfois à ses premières amours et convie les princes d'Orléans à des agapes parlementaires. Sachant l'influence des dîners sur le gouvernement des hommes, il a choisi des cuisiniers qui aident à sa politique. S'il voit réunis à sa table les fils du roi Louis-Philippe et les ministres du 4 septembre, ce n'est pas sans un fin sourire qu'il tend son verre à l'échanson et mouille sa lèvre du lait des vieillards.

Ainsi marche M. Thiers, louvoyant entre les partis et touchant jusqu'aux extrêmes. Il se fâche, il s'entête un peu plus qu'il ne faudrait, mais, chose étrange, il s'irrite quand il a raison, et il s'obstine quand il a tort. Il tient à ses ministres, et s'est laissé prendre aux vertus cachées de Simon qui pleurniche et de Dufaure qui nasille. Quoi qu'il en soit, nous nous agitons, mais il nous mène. Rivet propose et Thiers dispose. Il fait la pluie et le beau temps, dissipe l'orage, ramène le calme; sa santé vigoureuse devient le premier de nos soins : s'il dort bien, la rente monte; mais s'il se purge, les cours baissent.

Sous l'Empire nous avions le tiers-parti! Sous la République, nous possédons le parti Thiers. Lequel vaut moins? Le chef du pouvoir exécutif a sa cour et

ses courtisans, ses caprices et ses capriçants, sa famille
et ses familiers. C'est un tempérament de despote qui
se voile dans l'opposition et s'accentue au ministère.
Pour le moment, il se complaît dans la puissance qu'il
exerce et le provisoire qu'il prolonge. Il a des idées
vieilles et des passions jeunes. Homme et pétri de bien
et de mal, il renferme dans sa taille exiguë un certain
nombre de nos défauts et quelques-unes de nos vertus.
L'évêque d'Orléans nous le représentait naguère, assis
au sommet de la fortune et méditant l'éternité. Cette
pose agréable lui convient mieux que ces graves pen-
sées. L'Éternité ne le trouble point. Il a le Temps.

Ayant lu le dernier manifeste de Mgr le comte de
Chambord, M. Thiers s'écria, dit-on : « Bonne journée
pour les républicains ! Voilà un prétendant de moins. »

Et si non dixit potuit dixisse videri.

S'il n'est pas vrai, le mot du moins est vraisemblable.
Le rayonnement de cette probité royale en aveugla
d'autres que lui. Dieu nous dira à son heure la forme
du gouvernement sous lequel nous pouvons revivre et
la couleur du signe sous lequel nous devons vaincre.
Nous voulons agir sans lui, et il déjoue nos courtes vues
et nos prévisions bornées. Ce qu'on croyait durable a
cessé d'être ; ce qu'on jugeait impossible est advenu.
Dans ces avénements comme dans ces chutes, rien
n'est de l'homme, et tout de Dieu. Ceux qui vivent ont
vu des choses plus étranges que le règne d'un roi sans
reproches et l'adoption d'un drapeau sans taches.

Ce n'est qu'à ceux qui savent attendre qu'appartient

le long avenir : nous attendrons. Nous sortons de la guerre civile, et il est certain, pour qui sait voir, que la France n'est pas au bout des hontes qu'il lui faut subir. Toutes les leçons des événements sont oubliées ou méconnues ; nous n'avons pas été ramenés à la foi par le châtiment, à la royauté par l'anarchie. Nous voyons reparaître les révolutions, et nous nous étonnons tristement des rares fécondités de la fange. Les intérêts s'alarment, les divisions s'accroissent, les craintes redoublent et l'immoralité gagne. J'ignore l'avenir, et cependant je le redoute. Pour les peuples comme pour les hommes, le bonheur s'achète et surtout se mérite. J'estime qu'il nous faut souffrir ou changer beaucoup avant d'obtenir le pardon par le repentir, le salut par la monarchie.

Quelques esprits généreux cherchent encore dans la République la fin de nos divisions et le remède de nos souffrances. Ceux-là comptent aveuglément sur la vertu d'un mot sonore. Pour la troisième fois depuis quatre-vingts ans, la République s'expérimente sur un grand peuple. Liberté, Égalité, Fraternité ! La devise a de quoi séduire et elle vient de Dieu ; les hommes la gâtent. Elle éclate comme une ironie sur les pierres renversées de nos palais en cendres. Liberté ! on nous opprime. Égalité ! on nous fusille. Fraternité ! la maison brûle.

Imp. L. Toinon et Cie, à Saint-Germain.

Imprimerie L. Toinon et Cᵉ, à Saint-Germain